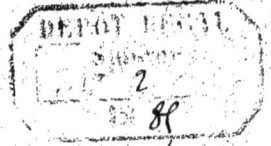

CHAMBRE DE COMMERCE

D'ABBEVILLE

Séance du 16 Novembre 1885

NOUVEAU PROJET DE LOI

CONCERNANT

LES FAILLITES

ABBEVILLE

IMPRIMERIE C. PAILLART

24, rue de l'Hôtel-de-Ville, 24

1885

CHAMBRE DE COMMERCE

D'ABBEVILLE

Séance du 16 Novembre 1885

Présidence de M. MONCHAUX

Au nom de la Commission chargée d'étudier le nouveau projet de loi concernant les faillites, M. PAILLART donne lecture du rapport suivant :

MESSIEURS,

Une loi nouvelle révisant la législation sur les faillites a été proposée à la Chambre des Députés avant l'expiration de son mandat ; elle va être soumise à la délibération du Parlement élu les 4 et 18 octobre, et le Gouvernement demande aux Chambres de commerce leur avis sur les dispositions législatives qui seraient ainsi appelées à remplacer, dans le Code de commerce, la loi en vigueur depuis 1838.

En vertu de la délégation que vous lui avez donnée à cet égard, votre Commission s'est réunie pour délibérer sur cette question dont l'importance ne vous a point échappé, et j'ai l'honneur de vous présenter aujourd'hui le résultat de son sérieux examen.

Les modifications que la loi proposée apporterait à la législation sur les faillites seraient considérables.

Tandis que l'article 437 du Code de commerce pose aujourd'hui ce principe : « Tout commerçant qui cesse ses paiements « est en état de faillite » ; l'article de loi qui lui serait substitué

s'exprimerait ainsi : « Tout commerçant qui cesse ses paiements
« peut obtenir le bénéfice d'une liquidation judiciaire et d'un
« concordat, en se conformant à certaines dispositions. »

Ainsi le principe est le même et la conclusion seule varie ;
elle reste indécise, indéterminée. Un commerçant déchoit dans
les deux cas. Dans le premier, c'est la faillite qui se dresse
devant lui ; dans le second, apparaît la liquidation judiciaire,
c'est-à-dire un arrangement avec ses créanciers, lui laissant
tous ses droits toute son action personnelle, toute sa liberté
commerciale, ou ne les supprimant qu'en partie jusqu'au concordat, qui va les lui rendre en entier dans un très-bref délai.

Quand on a vu, à la suite de crises politiques ou commerciales,
après des malheurs immérités ou que rien du moins ne semble
expliquer, tomber autour de soi des maisons qui semblaient
défier l'infortune ; quand on a pu constater, d'autre part, à
quelles difficultés se heurte actuellement tout arrangement
amiable d'un débiteur avec ses créanciers, à quelles fraudes
il donne lieu trop souvent au profit des habiles et au détriment
des faibles que leur bonne foi désarme, on se prendrait volontiers à applaudir avant tout examen à cette innovation de la
liquidation judiciaire ; il semblerait qu'elle est comme un acte
d'humanité envers des débiteurs plus malheureux que cou-
pables, et par cela même qu'elle doit apporter une espérance
aux plus désespérés, la pitié veut la saluer tout d'abord comme
un bienfait et la regarder comme un réel progrès.

Le législateur a réglé comme il suit les conditions qui per-
mettront au débiteur de profiter du bénéfice de la loi nouvelle :

La liquidation judiciaire devra être demandée au Tribunal
par le débiteur lui-même, dans les dix jours qui suivront la
cessation de ses paiements.

Par un jugement rendu en séance, mais qui ne recevra aucune
autre publicité que celle de l'audience, le Tribunal désignera
aussitôt un juge-commissaire et un liquidateur.

Celui-ci prendra inscription conservatoire au profit de la
masse, et le débiteur non dessaisi de ses biens pourra, sous sa
surveillance et sous l'autorisation du juge-commissaire, admi-
nistrer son commerce, et, au besoin, disposer de sa chose.

Dans les trois jours qui suivront le jugement, les créanciers seront convoqués, et après avoir pris connaissance de l'état de la situation, ils désigneront parmi eux deux contrôleurs.

Dès le lendemain commencera la vérification des créances ; une seconde assemblée suivra presque aussitôt la première, et sera elle-même suivie, dès le lendemain encore, du jugement prononçant la clôture des vérifications et invitant les créanciers à se réunir pour statuer sur le concordat.

Une fois le concordat voté et les formalités d'homologation remplies, les effets de la liquidation judiciaire disparaissent, le débiteur reprend tous ses droits civils et commerciaux, il est seulement devenu inéligible aux fonctions consulaires, et ne peut recevoir de mandat pour les Chambres de Commerce, pour les Chambres des Arts et Manufactures ou pour le Conseil des Prud'hommes.

Jamais, peut-être, action judiciaire ne se sera plus rapidement déroulée ; depuis le jour de la cessation des paiements jusqu'à la clôture des opérations par le concordat, un mois à peine se sera écoulé. Le débiteur, libéré d'un passif trop lourd, dégagé d'une grande partie de ses dettes d'autrefois, pourra reprendre avec une activité nouvelle son fardeau commercial devenu plus léger et ses affaires rendues plus faciles. Le commerçant malheureux se rattachera à l'espoir ; la déconsidération publique qui frappe les faillis ne l'aura pour ainsi dire pas atteint, puisqu'il reste électeur ; ses correspondants étrangers qui n'étaient point créanciers lors de sa chûte en apprendront la nouvelle en même temps que celle de son relèvement : le crédit s'offrira de nouveau à lui ; depuis des années peut-être qu'il lutte et qu'il souffre, jamais il ne se sera trouvé si réellement soulagé.

Certes, le tableau est enchanteur et veut qu'on s'y arrête ; vu de loin, il séduit ; vu de près, il laisse voir son revers.

Dans l'espèce, en effet, le débiteur n'est pas seul en cause, et quelle que soit la protection qui lui puisse être accordée, l'intérêt des créanciers se présente à son tour et réclame ses droits.

Alors, et pour les sauvegarder, le législateur explique dans quelles conditions il entend accorder au commerçant malheureux les avantages de la liquidation judiciaire :

Jusqu'à présent, tout créancier pouvait demander au Tribunal la mise en faillite de son débiteur. Ici, c'est le débiteur lui-même qui devra réclamer sa liquidation, dans les dix jours qui suivront la cessation de ses paiements.

Il ne devra omettre sciemment le nom d'aucun de ses créanciers, ni exagérer, ni dissimuler l'actif et le passif, ni commettre enfin quelque fraude que ce fût.

Si une seule de ces conditions n'est pas remplie ou s'il n'est pas admis au bénéfice du concordat, il retombe fatalement et sans recours possible dans la faillite, laquelle sera elle-même, et fatalement aussi, terminée par l'état d'union.

Nous pourrions arrêter ici notre rapport et conclure.

Tous ceux, en effet, qui ont quelqu'expérience des affaires commerciales ou quelque pratique des questions judiciaires, jugeront avec nous, sur le simple exposé des conditions requises pour la liquidation, que cette loi, dont le but déclaré était de rendre moins dure la situation du débiteur malheureux, aura pour effet certain de l'écraser davantage.

Aujourd'hui, le commerçant tombé a devant lui la faillite et ses rigueurs, mais le concordat reste jusqu'au bout le but de ses efforts et l'objet de ses espérances. Moins exaspérés qu'au moment même où la déclaration de faillite leur apprenait la perte qu'ils allaient subir, mieux éclairés sur l'excusabilité et l'honorabilité du failli, le jugeant moins avec une rancune bien excusable et plus avec leur humanité, les créanciers lui accordent le plus souvent, même avec d'insignifiants dividendes, le bénéfice du concordat. Il est presque sans exemple qu'un débiteur vraiment honnête et vraiment malheureux se soit vu remis en état d'union.

Sous le régime de la loi nouvelle, le commerçant se trouvera en présence de ce dilemne : ou la liquidation judiciaire avec le concordat, ou, si une seule dérogation est faite par lui aux conditions légales, la faillite obligatoire, et, avec elle, l'union obligatoire aussi, sans espoir possible d'en sortir.

Mis en présence des créanciers auxquels il doit une égale protection, le législateur fixe pour la liquidation des conditions telles, que, dans la presque unanimité des cas, elles la rendront impossible. Leur effet certain sera, au contraire, comme nous le disons plus haut, d'ajouter à la honte du failli qui subira en sus de sa ruine et du contrat d'union un déshonneur nouveau.

Cette liquidation qui, au moindre écart de ses règles, devient une faillite sans concordat, établira, si elle est rompue, qu'il n'est pas excusable, que non-seulement il a mal géré ses affaires, mais qu'il n'a pas su se relever par les moyens mis à sa disposition.

Or, en obligeant le commerçant à venir, dans les dix jours qui suivent la cessation de ses paiements, solliciter du Tribunal la liquidation judiciaire de ce qu'il possède, la loi annule forcément le bénéfice même de cette disposition.

Comment définir d'abord la cessation des paiements; que faut-il entendre par là; quels en sont les caractères, les preuves, les certitudes? Quels sont les faits qui la constituent, quels sont les actes qui l'établissent?

La loi anglaise, précise et prévoyante, commence par donner aux termes qu'elle emploie la définition qui leur assure une portée incontestée et les protège contre toute interprétation différente.

Nous ne pouvons que regretter, sur ce point plus que sur bien d'autres, que le législateur français n'ait pas suivi l'exemple de nos pratiques voisins. Jamais, en effet, terme judiciaire ne fut sujet à plus d'interprétations diverses. Un exemple suffira pour le prouver:

Un commerçant laisse protester plusieurs effets à l'échéance.

Ses créanciers attendent, ils espèrent qu'il pourra se libérer.

Lui-même envoie d'abord quelques provisions, puis d'autres échéances arrivent et réclament leur part; les à-comptes cessent d'être envoyés, mais, déjà couverts en partie, les créanciers s'abstiennent de toute poursuite. Ils ne seront jamais remboursés du reste, ils ne l'ignorent pas, mais plusieurs considérations les engagent à ne pas actionner leur débiteur.

Y a-t-il là cessation de paiement?

Et lorsque deux ou trois mois plus tard, les mêmes faits se renouvellent; lorsque nous retrouvons les échéances impayées, les à-comptes envoyés, le négociant non poursuivi, les protêts accumulés chez l'huissier, lequel, devenu mandataire des créanciers, reçoit successivement et par petites sommes qu'il applique à la masse, tout ou partie de la dette; lorsque nous voyons toujours et constamment les mêmes causes produisant les

mêmes effets, avec les mêmes conséquences, sans que la libé-
ration du débiteur soit jamais entière, sans que ses créanciers
l'aient fait condamner, sans qu'il ait interrompu son commerce,
son industrie ou son négoce ; lorsqu'enfin, après bien des années
de lutte, d'efforts, de frais payés, de protêts plus ou moins remboursés, de conciliations plus ou moins loyalement obtenues, de
rabais plus ou moins volontiers consentis ; lorsqu'à la demande
d'un créancier moins conciliant ou plus atteint la faillite arrive,
où, quand et comment faut-il faire remonter la cessation des
paiements ?

Nous pourrions citer ici, à l'appui de notre dire, des maisons
dont l'existence commerciale tout entière se débat dans cet
inextricable réseau de difficultés sans cesse renouvelées, et
d'efforts sans cesse impuissants. Il en est qui n'ont jamais été,
selon l'expression consacrée, au-dessus de leurs affaires, qui,
lentement mais impitoyablement, ont toujours marché vers la
ruine, sans le ressort suffisant pour remonter le courant ou
sans une direction assez éclairée pour en sortir.

Et notre affirmation est tellement vraie, l'impossibilité d'établir un principe absolu de direction sur la cessation des paiements est tellement reconnue, que c'est sur les faits bien plus
que sur le droit que les Tribunaux de Commerce établissent
leurs jugements à cet égard ; ces faits variant à chaque cause,
les jugements doivent subir les mêmes variations, et la vérité
de la veille devient en pareil cas l'erreur du lendemain.

Mais supposons que le commerçant en déconfiture connaisse
mieux que tout autre la cessation de ses paiements ; établissons
qu'il sait à n'en point douter sa situation, croit-on qu'il ira dans
les dix jours la dénoncer au Tribunal ?

Pour se baser sur cette présomption, il faudrait ne pas connaître le cœur humain.

En dehors de très rares catastrophes qui frappent subitement
des commerçants et entraînent leur ruine en quelques heures,
nul ne tombe tout d'un coup sur le champ de bataille de la
lutte commerciale.

Il en est des malaises auxquels l'industriel finit par suc-
comber comme des maladies physiques qui affligent l'humanité.
Le nombre des morts subites est infiniment moins grand que

celui des morts qui surviennent après plusieurs semaines ou plusieurs mois de souffrances.

Lorsqu'un commerçant s'aperçoit qu'il va sombrer, tous ses efforts tendent à prolonger sa vie commerciale. Il croit sans cesse, il espère jusqu'au bout qu'il pourra se relever ; les faits sont là sans le convaincre ; la réalité ne peut s'imposer à son esprit qui l'écarte. Une vente heureuse, une rentrée inespérée, une spéculation adroite, sont comme les planches diverses auxquelles se rattache tour à tour ce naufragé qui va périr.

C'est alors qu'interviennent les compromis de conscience, les sous-entendus avec soi-même ; tant qu'il reste un effort possible, le malheureux se débat sans trêve ni répit, il cède à vil prix ses marchandises, consent des hypothèques sur ses biens, s'il ne peut ou s'il n'ose les vendre, fait appel à sa famille, à ses amis, cherche par tous les moyens à retrouver un peu de ce crédit qui le fuit et auquel il s'efforce en vain de se rattacher. Trop souvent, le gage des créanciers ne périt pas seul, et la débâcle emporte encore avec elle l'honneur et la dignité du vaincu.

Alexandre Dumas fils a dit, à cet égard, un mot bien profond et bien vrai : « Il est difficile à un sac vide de se tenir debout. » Jamais nous ne sommes intervenu dans une faillite, comme juge-commissaire, sans en avoir constaté l'indiscutable vérité.

Le plus souvent, du reste, le commerçant qui tombe ne s'est pas rendu compte de sa situation, il la voit dans le vague de sa pensée ou de son rêve, il ne pose pas les chiffres devant lui ; pour beaucoup la chûte est la résultante d'un caractère insouciant et trop peu précis, ou d'un entêtement mal entendu, d'un manque d'ordre et de conduite ou de dépenses exagérées, plus encore peut-être que du défaut de transactions ou d'achats mal compris.

Mais supposons, cette fois encore, un commerçant qui, non-seulement connaît sa situation et qui s'en rend compte, mais qui accepte d'aller demander au Tribunal, dans le délai prescrit, le bénéfice de la liquidation judiciaire. Croit-on que dans ce cas, dont la réalité fera certainement une exception, le but de la loi, tendant à sauver par une déclaration rapide le gage du créancier, croit-on, disons-nous, que ce but pourra être atteint ?

Cette fois encore ce serait compter sans les passions humaines.

Pour obtenir un concordat, que ne fera pas le débiteur malheureux ? Il va donner 30, 40 % si l'on veut, à des créanciers qui, il y a quelques jours encore, pouvaient le croire au-dessus de ses affaires, puisque, jusque-là, il aura toujours fait honneur à ses engagements ; et c'est au moment même où la perte sera la plus sensible à ceux qui vont l'éprouver, c'est au moment le plus rude du mécontentement, c'est quand le perdant n'a pu encore s'habituer à l'idée du dommage qu'il va subir, qu'il sera appelé à excuser celui qui le fait perdre, à lui pardonner en quelque sorte, à témoigner pour lui d'une bienveillance toute particulière.

Cet acte d'humanité sera certainement si difficile à provoquer qu'il ouvrira tout ensemble aux débiteurs peu honnêtes comme aux créanciers peu scrupuleux, le champ le plus vaste aux fraudes, aux détournements, aux privilèges, aux faveurs. Parce qu'une partie de la créance aura été payée en supplément avant que l'industriel endetté se soit adressé au Tribunal, parce qu'il aura acheté par avance la promesse d'un concordat sans lequel il va être déshonoré dans quelques jours, croit-on que le gage des créanciers sera mieux sauvegardé, que les dividendes seront plus importants qu'ils ne le sont sous le régime de la loi actuelle ? Évidemment non.

Mais, nous dira-t-on, vous parlez de commerçants déshonnêtes, et vous les supposez tous de mauvaise foi. Non, nous supposons seulement que, placé en face du déshonneur pour lui et pour les siens, en face d'un avenir perdu, d'une vie commerciale brisée, en face de la nécessité peut-être de quitter sa ville natale, ses amis, ses relations, le commerçant qui va déchoir se démontrera à lui-même par ces subtilités d'arguments dont l'intérêt aux prises avec la conscience et avec l'honneur a trop souvent le secret, qu'il peut sans déchoir à cet honneur, sans démériter de sa propre estime, accorder dans sa balance à toutes ces choses qu'il va perdre un plus grand poids qu'aux intérêts de quelques-uns. Il se dira que ses créanciers ont, pendant des années peut-être, assez gagné sur lui, qu'il ne leur reprend en définitive qu'une partie bien minime des bénéfices qu'il leur a versés, qu'ils sont assez riches pour perdre quelque chose, ou assez ses amis pour subir cette perte et lui donner cette preuve d'amitié, qu'il ne saurait être convaincu de fraude, puisqu'ils sont les premiers intéressés à se taire, qu'en sa place, du reste, ils en feraient autant, et que lui ne s'en plaindrait pas. Que dirons-nous de plus? Tout cela, n'est-ce pas l'histoire que nous voyons se produire trop souvent autour de nous? N'est-ce pas la pensée humaine présentée sous son véritable jour, alors qu'elle discute entre son devoir et son intérêt?

En cette occasion, certainement, le sac vide aura grand peine à se tenir debout.

Et quand même toute fraude serait écartée, quand notre supposition accepterait ce fait comme elle a accepté les autres, l'expérience de chacun de nous ne nous démontre-t-elle pas qu'il ne faut point compter de la part du commerçant qui cesse ses paiements sur un état exact de sa situation? N'est-on pas toujours porté, en pareil cas surtout, à s'exagérer la valeur de ce qu'on possède, à donner à ses marchandises plus de prix qu'elles n'en auront le jour de la réalisation forcée, à ses propriétés plus de valeur qu'elles n'en pourront obtenir aux enchères d'une vente judiciaire; à accorder à certaines créances douteuses une certitude de solvabilité, à ranger parmi les douteuses des créances certainement perdues; à oublier enfin certains créanciers qui attendent depuis longtemps déjà, ou à diminuer le chiffre de leur dette? Et cependant tous ces faits, d'après la loi nouvelle, seraient autant de motifs de mise en faillite. Si, sur certains points, le débiteur peut établir sa bonne foi, le pourra-t-il sur tous; et un seul suffit pour le conduire au contrat d'union.

Nous avons vu un jour se présenter devant nous tous les créanciers affirmés par un failli qui, le jour même, avait déposé son bilan. C'était une erreur, disaient-ils, ils venaient nous demander le rapport du jugement déclarant la faillite. Le débiteur s'était laissé entraîner, on lui avait fait peur, il pouvait donner 80 % au minimum; c'était folie que de le laisser se perdre ainsi; un arrangement amiable allait le sauver.

Nous dûmes répondre en demandant le désistement écrit de tous les créanciers. Quelques zélés se mirent en campagne, mais à peine leurs efforts étaient-ils connus, qu'une foule de créanciers ignorés jusque-là se présentèrent à leur tour; le jugement de faillite fut maintenu, le dividende qui devait être de 80, fut à peine de 6 %, et le failli ne put même pas obtenir son concordat.

C'est là un exemple, nous en pourrions citer bien d'autres ; ils se pressent sous notre plume, mais nous craindrions d'abuser de votre bienveillante attention.

Ainsi donc, nous voyons, d'une part, l'impossibilité presqu'absolue de pouvoir définir d'une manière nette et précise les faits qui constituent la cessation des paiements ; d'autre part, nous apparaît la certitude que, placé depuis dix jours seulement dans une situation qu'il jugera certainement momentanée, le commerçant dépassera, sans aucun doute, le délai accordé pour demander sa liquidation judiciaire.

D'un côté, nous avons constaté que le désir de se sauver le pousserait à avantager ses principaux créanciers, et pousserait ceux-ci à se faire privilégier ; d'autre côté, nous nous heurtons à la difficulté presqu'insurmontable de faire tomber ces fraudes contre lesquelles la justice se trouvera presque désarmée par le silence intéressé des uns, et par l'impossibilité de faire, en cas de liquidation, remonter la faillite au-delà des dix jours.

Enfin, nous avons établi que le manque d'écritures, l'inexactitude de sa comptabilité, ses négligences, son laisser-aller, mettront le commerçant dans l'impossibilité de fixer exactement son actif et son passif, de déclarer sans oubli et sans omission le nombre de ses créanciers et l'importance de sa dette.

Que reste-t-il au point de vue pratique de la loi nouvelle ? Le gage des créanciers en sera-t-il plus important et la situation du débiteur s'en trouvera-t-elle adoucie ? Nous croyons avoir prouvé que ce double but, poursuivi par le législateur, était loin d'être atteint.

Ce n'est pas tout encore. Le Tribunal, à la demande du commerçant, a établi la liquidation : ses paiements ne sont arrêtés que depuis dix jours ; avec quoi les a-t-il faits jusque-là ? Que reste-t-il des biens qu'on voulait conserver à la masse créancière ? On n'arrête pas ses paiements tant qu'on peut faire argent de quelque chose. Nous allons alors retrouver les biens ou hypothéqués, ou cédés à des créanciers, nous verrons les uns plus vigilants ou mieux informés, ou plus pressants que les autres touchant tout ou partie de leurs créances, et se faisant garantir par la signature de la femme ou des enfants. De quel droit les déshérités viendraient-ils réclamer? Sur quoi baseront-ils leur protestation, puisque, jusqu'à ce jour, on ne leur devait rien ; puisque, jusqu'ici, on les a toujours exactement payés?

Niera-t-on cependant qu'ils aient été frustrés ?

Pour faire tomber ces contrats anticipés, le Tribunal devra déclarer qu'il y a eu fraude de la part du débiteur, et presque toujours il sera obligé de statuer ainsi afin de faire rentrer à la masse, par un rapport obligé, les sommes dont elle se trouvera dépouillée.

Ainsi, la loi nouvelle n'aurait, le plus souvent, d'autre résultat que de desservir tout ensemble l'intérêt du débiteur qu'elle prétend défendre et les intérêts des créanciers qu'elle prétend sauvegarder.

Nous n'avons voulu étudier ici que le principe même de la question. Si nous abordions les détails, il nous serait aisé de démontrer combien, par exemple, deviendrait nuisible pour les tiers l'absence de toute publicité enlevée au jugement de liquidation ; combien seraient fécondes en procès et en contestations bon nombre des mesures édictées par le législateur. Notre étude, si incomplète fût-elle, vous aura fait voir du moins les dangers de l'innovation proposée, en vous les exposant sur le point le plus important de cette question, à laquelle depuis tant de siècles déjà et dans tous les pays, les législateurs ont cherché vainement jusqu'ici une solution qui sauvegarde à la fois des intérêts si opposés.

Le projet de loi sur la liquidation judiciaire que nous prions la Chambre de repousser, nous prouve la valeur considérable de la loi de 1838. Malgré ses imperfections relatives, elle reste encore sur la matière le monument de jurisprudence le mieux établi et le plus sagement ordonné. Sans doute, elle comporte des tempéraments dont l'expérience a démontré la possibilité ; sans doute, la différence même des temps, les variations de la vie commerciale du pays, les facilités des communications et des transports, les grands progrès que la science et les découvertes modernes ont mis à la disposition de l'industrie du monde, engagent ou obligent à abréger les longueurs des faillites et à apporter à certaines clauses des modifications utiles et généralement désirées. Mais de ces améliorations au renversement complet d'une législation entrée aujourd'hui dans nos mœurs et à laquelle le temps n'a porté que quelques rares atteintes, la différence est grande et votre Commission a pensé qu'elle ne pouvait l'approuver.

Toutefois, si nous repoussons la liquidation judiciaire telle qu'elle nous est présentée, nous sommes loin d'en repousser systématiquement les avantages. Nous voudrions, comme le législateur, la voir entrer dans nos mœurs et surtout la voir remplacer ces liquidations amiables où trop souvent le débiteur malheureux est exploité par des agents d'affaires et sort de leurs mains aussi complètement ruiné que si la faillite avait été déclarée et s'était terminée par un contrat d'union.

Nous voudrions, en un mot, que cette liquidation judiciaire devienne, non le prélude mais la conséquence d'une faillite excusable par les causes qui l'ont produite; qu'elle devienne, si nous pouvons parler ainsi, comme la récompense de la loyauté apportée par le failli à conserver intact le gage de ses créanciers. Survenant après le concordat, elle ajouterait aux bienfaits de celui-ci, le bienfait plus grand encore d'une demi-réhabilitation, rendant ainsi au failli la plus grande partie de ses droits d'électeur et de citoyen.

Pour cela, il suffirait, selon votre rapporteur, de fixer, par exemple, un minimum de dividende à la suite duquel le concordat, une fois obtenu et homologué, la liquidation judiciaire pourrait, sous certaines conditions d'excusabilité déterminées par la loi, être accordée par le Tribunal.

La majorité de votre Commission n'a pas été de cet avis ; elle estime que la loi devrait laisser aux Tribunaux toute liberté d'appréciation pour fixer, dans chaque faillite, le minimum de dividende à la suite duquel la liquidation judiciaire serait accordée.

Nous ne nous rangeons point personnellement à cette appréciation; la loi ne peut être faite pour les exceptions, elle doit s'appliquer au plus grand nombre. Laisser, sur ce point, toute latitude à chaque Tribunal, c'est, selon nous, ouvrir la porte à l'arbitraire ou créer dans le pays, sur une même question, une foule de jurisprudences entièrement différentes les unes des autres.

Si la mesure que nous proposions était adoptée, le commerçant en déconfiture serait le premier intéressé à conserver ses biens à la masse créancière, sans fraude et sans partialité, en faveur de quelques-uns; il se garderait avec plus de soin de prolonger une lutte qui userait jusqu'au bout son actif. L'espoir de la réhabilitation entrevue l'aiderait, en outre, à accepter la faillite après laquelle il ne rencontrerait plus fatalement le déshonneur.

Cette manière de procéder nous semble tout à la fois et plus logique et plus équitable ; commencer, en effet, par déclarer le failli excusable, alors que les conditions imposées donneront, dans presque tous les cas, un démenti à ces prémices, n'est-ce pas un peu comme si le Code civil commençait par déclarer que tout prévenu est innocent.

Sans doute, il y a dans les désastres commerciaux des malheureux et des innocents, mais il en est aussi parmi les prévenus; la liquidation judiciaire deviendrait pour les premiers ce que l'ordonnance de non-lieu est pour les seconds.

Et puis, il importe aussi, dans l'intérêt social et pour l'honneur des commerçants fidèles jusqu'au bout à leurs engagements, qu'une peine, qu'une déconsidération quelconque frappent celui qui n'a point su, ne fût-ce que par inexpérience ou par légèreté, faire honneur à sa signature et payer ses dettes. Le jour où l'excusabilité deviendrait la règle, combien peu de faillites resteraient excusables.

Nous parlions tout-à-l'heure des lenteurs des faillites, le législateur ne pourrait-il les abréger en modifiant sur ce point les délais établis pour les vérifications de créances et pour les réunions des créanciers ; n'y aurait-il pas lieu, d'autre part, de demander que les restrictions apportées au concordat soient un peu adoucies, tant dans le nombre des créanciers que dans la quantité des créances imposées pour la majorité.

En conséquence, Messieurs, votre Commission vous propose d'adopter les conclusions suivantes:

La Chambre de commerce d'Abbeville demande :

Qu'aucune atteinte essentielle ne soit portée aux principes de la loi de 1838, en ce qui concerne les faillites ; mais que cette loi subisse, sur quelques points, les modifications dont l'expérience a démontré l'utilité ;

Que, par suite, le Gouvernement repousse le nouveau projet de loi sur les faillites, comme devant être tout à la fois nuisible aux intérêts des créanciers et à ceux des débiteurs ;

Que l'homologation du concordat puisse être suivie de la liquidation judiciaire, et ce, sous certaines conditions qui seraient édictées par le législateur ;

Que les longueurs des faillites soient diminuées autant que possible, par le rapprochement légal des délais entre les diverses opérations de la faillite ;

Que, désormais, la séparation de biens résulte de plein droit, au profit de la femme, du jugement déclaratif de la faillite ;

Que les frais qui pourraient être causés par cette séparation restent à la charge de la femme et qu'ils cessent d'être privilégiés ;

Enfin que, pour faciliter la réhabilitation du failli, les intérêts ne puissent jamais être accumulés pour produire eux-mêmes intérêt, et qu'ils soient comptés à raison de 4 % seulement.

Un des Membres de votre Commission a pensé qu'il y avait lieu de demander qu'une autre amélioration fût apportée à la loi de 1838.

Jusqu'ici la loi n'autorise pas les Tribunaux à connaître des arrangements qui peuvent intervenir, avant faillite, entre le débiteur en cessation de paiement et ses créanciers, et ces arrangements n'acquièrent de valeur que s'ils sont acceptés par l'unanimité des créanciers.

Si un seul refuse son adhésion, il peut provoquer la mise en faillite du débiteur avec ses conséquences inévitables de frais, de lenteurs et de dépréciation de l'actif, c'est-à-dire souvent au grand détriment de tous.

Notre collègue voudrait que, au lieu de l'unanimité aujourd'hui exigée pour la validité d'un contrat passé en pareil cas entre tous les ayants-droit, d'une part, et le débiteur, d'autre part, une majorité importante, que le législateur fixerait, suffise désormais, s'il est établi que l'arrangement proposé n'est entaché d'aucune fraude et sauvegarde, autant que possible, l'intérêt de la masse.

Dans cette hypothèse, la question serait portée devant le Tribunal de Commerce, un juge serait commis pour l'examiner ; il se prononcerait sur les conventions intervenues, et, d'après son rapport, le Tribunal statuerait par un jugement.

Bien des fraudes, croit notre collègue, pourraient être ainsi évitées et la grande majorité des créanciers ne se trouverait plus exposée à voir parfois un seul d'entr'eux détruire tout espoir de transaction, annihiler, par une inexcusable exigence, les sacrifices et les efforts du débiteur, et compromettre, par cela même, les intérêts des autres créanciers.

Nous terminons ici notre rapport, Messieurs, et nous en soumettons, avec confiance, les conclusions à votre bienveillante appréciation.

La Chambre, après discussion, donne son approbation au rapport et aux conclusions présentés par M. C. PAILLART, convertit ce rapport en délibération et dit qu'il sera adressé à MM. les Ministres du Commerce et de la Justice.

Abbeville, imprimerie C. Paillart.

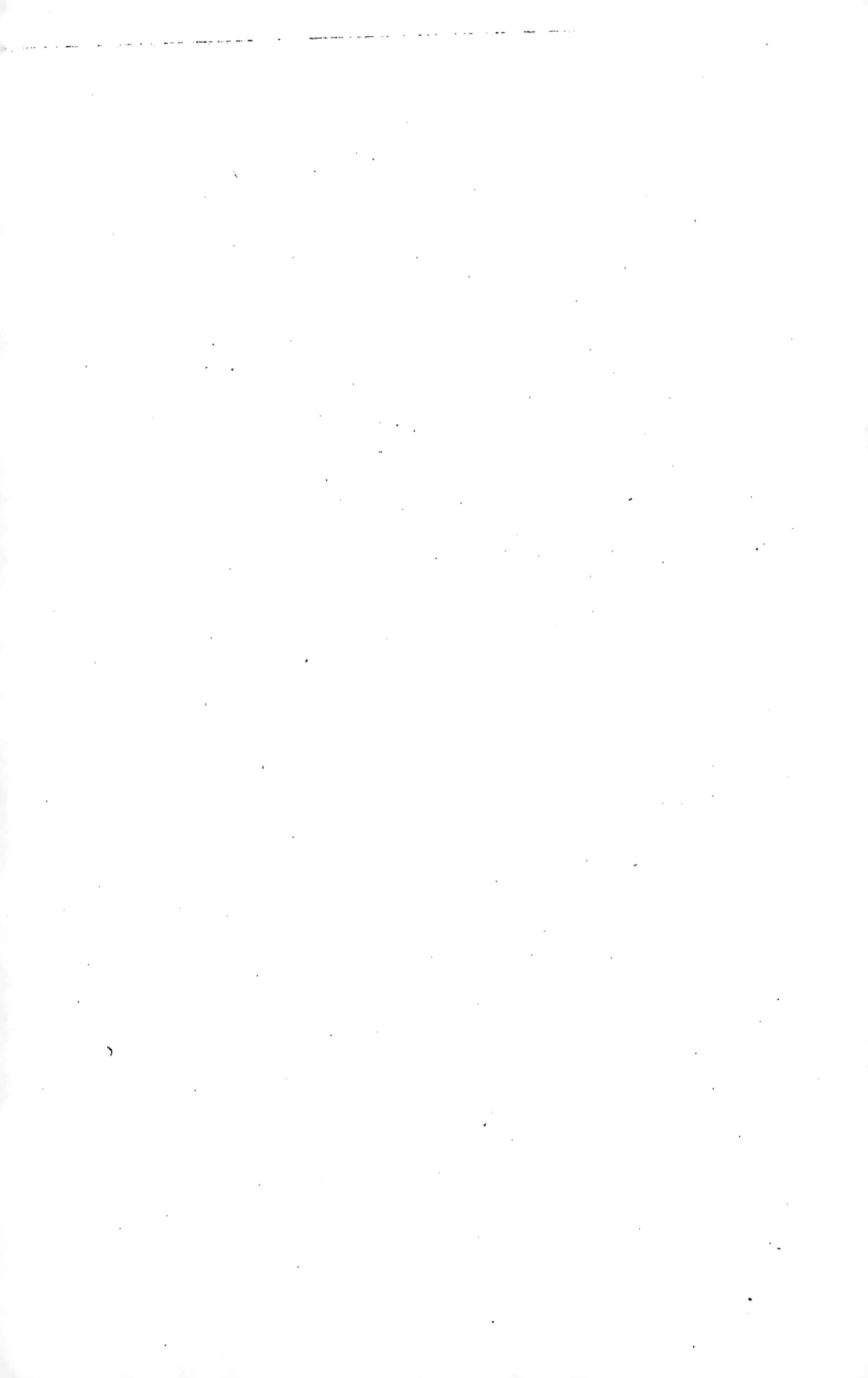

www.ingramcontent.com/pod-product-compliance
Lightning Source LLC
Chambersburg PA
CBHW050442210326
41520CB00019B/6042